Silja Walter / Liliane Juchli / Michaela Puzicha
Jemandsland

topos taschenbücher, Band 877
Eine Produktion des Paulusverlags

Silja Walter /
Liliane Juchli /
Michaela Puzicha

Jemandsland

Der Heilsweg des Menschen

topos taschenbücher

Verlagsgemeinschaft topos plus
Butzon & Bercker, Kevelaer
Don Bosco, München
Echter, Würzburg
Lahn-Verlag, Kevelaer
Matthias Grünewald Verlag, Ostfildern
Paulusverlag, Freiburg (Schweiz)
Verlag Friedrich Pustet, Regensburg
Tyrolia, Innsbruck

Eine Initiative der Verlagsgruppe engagement

Bibliografische Information der Deutschen Nationalbibliothek
Die Deutsche Nationalbibliothek verzeichnet diese Publikation in der
Deutschen Nationalbibliografie; detaillierte bibliografische Daten
sind im Internet über http://dnb.d-nb.de abrufbar.

2014 Verlagsgemeinschaft **topos** plus, Kevelaer
Das © und die inhaltliche Verantwortung liegen beim
Paulusverlag, Freiburg (Schweiz)

Einband- und Reihengestaltung | Finken & Bumiller, Stuttgart
Herstellung | Friedrich Pustet, Regensburg
Printed in Germany

ISBN: 978-3-8367-0877-7
www.topos-taschenbuecher.de

Inhalt

Silja Walter

Die Heilsgeschichte der Frauen im Fahr

Das Kloster Fahr lebt seit seiner Gründung im Jahre 1130, laut Urkunde seiner Stifter, der Freiherren von Regensberg, seine Geschichte durch die Zeit dahin. Geschichte ist immer Heilsgeschichte: Gottes Weg mit der Menschheit, mit dem Menschen, in dessen Hier und Jetzt. Wo Menschen sind, ist heilsgeschichtlicher Ort. Da geschieht, verborgen oder durchscheinend, was die Bibel als Weg und Lauf der Offenbarung meldet: ihre Etappen vom ersten Wort der Genesis bis zum letzten der Apokalypse.

In dieser Wirklichkeit entstand, steht, lebt und entfaltet sich Kloster Fahr als «Ort Gottes», wo wir Frauen seinen Plan und Weg mit Israel an und in uns selbst als sogenanntes «geistliches Leben» entdecken, erkennen, erfahren und zu gehen haben.

Es gibt – was wäre sonst? – die heilsgeschichtliche Dimension des Lebens in der monastischen
Klausur. Ich versuche, sie in den fünf entschei-
denden Abschnitten der Heilsgeschichte unter
deren Symbolbildern, von denen jedes einen
Raumbegriff aussagt, ans Licht zu heben.

Heilsgeschichte im Fahr oder Fahr in der
Heilsgeschichte bedeutet demnach für uns:
Wirklichkeit und Erfahrung von

Paradies
Exodus
Bundesschluß
Kanaan
Stadt vom Himmel

In zeichenhaften Raum-Bildern:

Der Garten
Die Wüste
Der Berg
Das Land
Die Stadt

Paradies

Das Paradies der Bibel meint keinen Ort. «Paradies» ist wie «Himmel» Begriff und Bild für einen Zustand. Seit Gott in Jesus von Nazaret Mensch geworden ist, gibt es das Paradies auf Erden, den Zustand des im Glauben an Jesus Christus erlösten Menschen.

Die Nonne hat im Privileg evangelischer Radikalität immer bewußter, immer einfacher in dieses Heil- und Neusein aus dem Glauben an den auferstandenen Herrn hineinzuwachsen.

Damit ist schon das Ganze über das monastische Leben auch des Klosters Fahr gesagt. Denn wie Ostern die ganze Geschichte Gottes mit dem Menschen in seinem «Zurück zum Vater» in sich hat, so wird monastisches Leben aus dieser Wahrheit unseres Glaubens bestimmt.

Wenn wir ins Fahr kommen, begrüßt uns die Regel Benedikts denn auch, als stände sie am offenen Tor des neuen Paradieses, mit den Worten:

> Höre, meine Tochter,
> auf die Lehren des Meisters,
> und neige das Ohr deines Herzens.
> Nimm die Mahnung des gütigen Vaters

willig an,
und erfülle sie in der Tat.
So wirst du durch mühevollen Gehorsam
zu dem heimkehren,
dem du im trägen Ungehorsam
davongelaufen bist.
PR 1–2

In dieser Weise wird die junge Frau bei ihrem Eintritt ins Kloster Fahr empfangen. Sie hört diesen Anruf als Christin, als eine vom Wort und Ruf Gottes Getroffene, als eine, wie Paulus sie nennt, «Auserwählte Gottes», die in ihrem Glauben an Jesus Christus dessen Heimkehr zum Vater in ihrer Taufe geschenkt erhalten hat. Sie kommt, um diese «Rückkehr Christi» im klösterlichen Raum und Leben des Fahr mitzugehen. So versteht sie ihren Ruf ins Kloster St. Benedikts. Dazu ist sie hergekommen, im tiefsten und letztlich aus keinem anderen Grund.

Wir bringen aber nicht nur das Paradies in uns, nicht nur das grundsätzliche Heilsein im Glauben, mit ins Fahr. Jede von uns nimmt auch Evas Verlust der Herrlichkeit mit in die Klausur. Wunden und Wirkungen der Katastrophe im Garten Eden, des Unheils, mit dem erst eigentlich die Heilsgeschichte beginnt. Das neue Leben im alten, Tod-verfallenen Ich, Ankunft und Fremdgehen, beides. Jede bringt beides mit.

Es macht betroffen, unser Kloster, die Idylle im Grünen, unten an der silbernen Limmat, in dieser Realität, in dieser Polarisierung, in diesem menschlich existentiellen Spannungsbereich zu sehen. Es ist die Lage, die unsere Regel sieht, die sie im Blick hat. Aus der heraus sie ihren Auftrag der Führung, der Unterweisung und Seel-Sorge wahrnimmt, und dies ins Konkrete unseres Alltags und Zusammenlebens hinein. Denn die Regel kennt Weg und Bewegung der Heilsgeschichte im Kloster Fahr. Aus ihr spricht Mose, der uns aus Ägypten herausführt, in die Wüste, an den Bundesberg, ins Land jenseits des Jordan, der Stadt entgegen, die vom Himmel kommt.

Exodus

In «Die Schleuse, oder Abteien aus Glas» diskutiert ein Besucher im Sprechzimmer des Klosters Fahr mit «Schwester Alle» über das Phänomen: Exodus im Fahr.

Schwester Alle erklärt ihm, es sei Zeit –

«Ich muß in den Chor.»
«Was machen Sie im Chor?»
«Wir singen.»
«Was passiert dann, wenn Ihr singt?»
«Man sieht hindurch.»
«Was seht Ihr dann?»
«Daß wir marschieren.»
«Wohin marschiert Ihr?»
«Man marschiert durch die Wüste
über den Jordan.
Nach Kanaan, wenn man singt.»

Mit diesem «Singen im Chor» ist die liturgische Psalmodie gemeint. Die uralten Gebete der jüdischen, von der Urkirche aufgenommenen Tradition. Von St. Benedikt als das Gebet, «dem nichts vorgezogen werden darf» (RB 43,3), in den monastischen Stundenlauf von Tag und Nacht eingesetzt. Wir, Schwester Alle, sehen darin Israels Weg durch seine Geschichte, seinen Exodus aus dem Alten ins Neue Testament. Die Psalmodie läßt uns erfahren, daß wir mitgehen im zeitlosen Wandern der Menschheit, durch alle ihre Zeiten, nach Kanaan – Gott.

Das andere Element des monastischen Wüstenzuges liegt in der jeder Nonne vom Gehorsam zugewiesenen manuellen oder geistigen Arbeit. In «Die Schleuse, oder Abteien aus Glas» wirft der Besucher von Schwester Alle ein:

«Sie singen aber doch nicht den ganzen Tag?»
«Nein», antwortet Schwester Alle,
«man marschiert auch, wenn man kocht oder Seide spult, Wäsche aufhängt oder Kohlraben setzt.»
«Interessant», sagt der Herr.
«Ja. Auch wenn man Briefe schreibt oder bügelt oder Leute im Sprechzimmer empfängt.
Wo immer man ist, was immer man zu tun hat und tut, da marschiert man im Exodus durch die Wüste.
Auch beim Bibelstudium, beim Essen und gemeinsamen Spiel.
Auch wenn man krank ist, da marschiert man erst recht durch die heiße Luft im Sand dahin, immer dahin. So ist es bei uns im Kloster Fahr.»

Aber da sind auch Feuersäule, Lichtwolke, Manna, Wasser aus dem Felsen, die Zeichen von Gottes Gegenwart und Mitgehen mit seinem Volk.

Israel konnte nicht allein nach Kanaan wandern. Wir können es auch nicht, wir, im Fahr. Origenes schon warnt vor den Amalekitern, den Edomitern, den Ammonitern, wenn eine allzu sicher sein will auf ihrem Weg der Bekehrung, ihrem Auszug aus Ägypten.

Wir haben diese Feinde des Volkes Gottes in uns ins Fahr mitgebracht. Exodus heißt Kampf. Unsere Regel zeigt uns im Demutskapitel, worum es dabei geht: nicht um nur Athletik, um ein Sich-Messen mit der Anti-Nonne, dem selbstischen Ich in uns, sondern um das Erleiden des Sieges Christi in uns, um seinen Tod als Rückkehr zum Vater in uns.

Dazu bedürfen wir der Feuersäule: Gottes Geist aus seinem Wort, sein Feuer, das aus der Schrift, aus unserer Lectio divina, schlägt: die in die Länge, Breite, Höhe und Tiefe wachsende Erkenntnis des Geheimnisses Jesus Christus (vgl. Eph 3,18).

Daß Gott mit Israel war, es in sein Feuer, in seinen Geist hineinzog, beweist sein Bund mit ihm am Sinai. Daß er mit seinen Kindern, seinen Auserwählten im Kloster Fahr ist, sie an sich zieht, um jeder von ihnen die «Hochzeit des Himmelsreiches» zu schenken, das erfahren wir im Bund der Profeß. In der Profeß sind wir am Bundesberg angekommen. Und hereingeholt in das «Mysterium magnum» der Hochzeit Gottes mit seiner Schöpfung.

Bund

Am Sinai hat Jahwe mit dem Volk seiner Wahl auf Christus hin seinen Bund geschlossen. Da feierte Jahwe Hochzeit mit Israel.

> Auf ewig nehme ich dich mir zur Ehe,
> ich nehme dich mir zur Ehe,
> rechtskräftig und gesetzlich,
> in Zärtlichkeit und Liebe.
> *Hos 2,21–22*

Das war Israels Profeß am Bundesberg. Vorausbild der monastischen Profeß, unserer Weihe an Gott. Im liturgischen Ritus der Kirche faßt sie die ganze Beziehung Gottes mit der «Frau seiner

Wahl», zeichenhaft für die Brautschaft der Ecclesia in deren heilsgeschichtlicher Dimension, zusammen. Vom Taufcharakter der Profeß her. Sie ist «Neuer Bund», auf Christus hin. Legitimiert sich in täglicher Erneuerung in der Eucharistie. In Gottes neuem Bundesschluß auf Golgota, durch Jesus Christus, im je Jetzt und Hier der Fahrer Klosterkirche.

In dieses Geheimnis, diese Sinnmitte unseres Lebens verläuft der alltägliche Exodus, unser Marsch durch den Sand, unter der Wolke unserer «Nächte», hinter der Feuersäule her.

Wenn Paulus das Alte Testament Erzieher auf Christus hin nennt (vgl. Gal 3,24), setzte diese Erziehung Israels durch seinen Ehegemahl vom Bundesschluß auf dem Sinai an recht eigentlich ein. Jahwes Verhalten und Verhältnis zu seiner Braut wird anspruchsvoller. Israel soll auf den Einzug in Kanaan, das Land der messianischen Verheißung, bereitet werden. Auf die Inbesitznahme des unvergleichlich gesegneten geographischen Lebensbereiches, in dem Jesus Christus, das Heil der Welt, in der menschlichen Geschichte erscheinen wird.

Auch mit der Profeß wird der monastische Weg Erziehung auf Christus hin. Gott wird sozusagen evangelisch. Die Jüngerschaft Christi wird für uns Frauen zur existentiellen geistlichen Identitätserfahrung.

Eingehen auf dem regulären, das ist auf dem benediktinisch-kontemplativen Weg, ins Geheimnis Jesus Christus, das ist von dem Tag an, da wir den Ring tragen, den Brautschatz des Heiligen Geistes, wie der Profeßritus dieses Bundeszeichen nennt, unser Leben.

Kanaan

Ziel des biblischen Exodus ist die Landnahme, ist das Israel verheißene Erbland, Kanaan. Das Land, das von Milch und Honig fließt. Das Neue Testament verspricht es den Gewaltlosen. Selig seid ihr, ihr werdet das Land besitzen (vgl. Mt 5,5). Hier erfüllt sich auch dieses Vorausbild überraschend. Dieses Land ist Jemand. Paulus bestätigt, es ist jemand. Denn er sagt uns: In ihm leben wir, bewegen wir uns und sind wir (Apg 17,28).

In-Sein setzt einen Raum, ein Land, einen Ort, eine Wohnung voraus. Diese Wohnung ist Jesus von Nazaret, Jesus der Messias, das ist der

Christus. Er ist das Jemandsland. Bleibet in mir, spricht er, und ich bleibe in euch (Joh 15,4).

Taufe ist unbewußter, Profeß bewußter Eintritt in dieses Kanaan, das als das Geheimnis Jesus Christus nicht nur Israels Geschichte in sich aufnimmt und damit mitsamt dessen Zukunft vollendet, sondern auch unseren christlichen Weg «in die Sabbatruhe» (vgl. Hebr 4,1.3 f.) eingehen läßt. Denn in Christus sein heißt eingehen «ins Land meiner» – das ist Gottes – «Ruhe». «Land der Sabbatruhe»: Zeit der Kontemplation. Der Glaubens-Erfahrung, des Schauens an den Begriffen vorüber, Zeit der Suche an allen vorüber, Sulamiths Suche an allen Wächtern vorbei nach dem Geliebten. Suche, aus dem unbegreiflichen Wissen um das Gefundensein. Zeit des immer einfacheren, durch die Gefahren von Dürre und Dunkelheiten hindurch tragenden Glaubens, der Liebe aus Eucharistie und innerem Gebet. Im Jemandsland wohnen heißt, ins «Herz der Welt», das ist in das Geheimnis Jesus Christus, aufgenommen werden.

> Gar nichts sollen sie Christus vorziehen,
> der uns gemeinsam zum ewigen Leben
> führen wird. *(R 62,11–12)*

Stadt vom Himmel

Abraham wohnte mit Isaak und Jakob in Zelten, weil er die von Gott erbaute Stadt, die vom Himmel, erwartete. In ihm wartet Israel, warten wir Frauen vom Fahr auf die Stadt, die Johannes vom Himmel herabsteigen sah, bereitet wie eine Braut für ihren Gemahl (vgl. Offb 21,2). Johannes sieht sie kommen. Von Gott her, das vollendete Reich Gottes, die endzeitliche Kirche. Die neue Schöpfung aus dem neuen Anfang, der Christus ist. Das Paradies, nicht das erst-alte, nicht das schöne vor dem Fall. Was kommt, ist das neue. Die Herrlichkeit Gottes, der Menschheit für immer geschenkt und vermacht.

Darauf warten wir. Darauf wartet jeder Mensch, wir Nonnen und Mönche aber von unserer Berufung her. Wir haben die Wartenden, die im säkularen Provisorium des Diesseits Wachenden zu sein. Die Frau im Fahr ist Wächterin auf dem Turm. Und immer der Ruf aus dem Urgrund aller Dinge an ihrem Ohr: «Quid de nocte»? Wie lange noch? Wie spät ist es? Sie ist die Frau mit der immer brennenden Lampe, die nicht verlöschen darf (vgl. Mt 25).

Wir warten aber nicht nur, wir leben in der

Ankunft der Stadt vom Himmel, die im geheimnisvollen Heilsjetzt immer schon erst kommt und schon da ist. Und, was noch mehr ist, was nur aus dem Christusgeschehen der Heilsgeschichte zu verstehen ist, wir, unsere Gemeinschaft im Fahr, wir sind selbst schon diese Stadt: kleine Kirche.

Eschatologie – die letzten Dinge, wie könnten Nonnen anderswohin ausschauen, wo anders stehen und verharren als in der in Glaube und Hoffnung liebenden Erwartung? Erwartung der in unserer Gemeinschaft schon angekommenen und immer neu vom Himmel her uns heilenden, uns heimsuchenden Heilsstadt, die Christus heißt. Dahin führt uns Gottes Offenbarung in der Bibel, und darin mündet sie ein.

In diesem Zusammenhang von Himmel und Erde mit offenen Augen und Herzen zu stehen, ihn zu sehen und zu erfahren, ist Vorgabe ewigen Lebens.

MICHAELA PUZICHA

Der Heilsweg der Regel

Der Weg

Wenn drei Ordensfrauen ein gemeinsames Buch herausgeben, kann es nur von ihrem Leben handeln.

Dieses Leben ist geprägt und gestaltet von einem Anruf her, der aus der Heiligen Schrift kommt. Was aber kommt aus der Heiligen Schrift auf uns zu? Keine Moral, keine Dogmen, keine Historien, sondern eine Zumutung: die Schrift spricht uns den Mut zu, uns auf den Weg zu machen, auf den Weg vom Paradies zum Paradies, dem Land, wo Milch und Honig fließen. Wenn die Bibel den Menschen auf den Weg schickt, dann meint sie tatsächlich: Weg – und nicht schon Ankommen. Sie meint wirklich unterwegs sein mit Irrwegen und Umwegen, durch Sand und durchs Wasser. Es ist der Weg, der immer noch gegangen werden muß, der Weg durch diese ganze Zeitlichkeit. Wir sind mit diesem Weg nicht fertig, jetzt nicht und auch später nicht.

Benedikt von Nursia († ca. 548) hat für seine klösterliche Gemeinschaft auf dem Montecassino eine Klosterregel geschrieben, die ganz von dem Wissen um diesen Weg geprägt ist. «Zurückkehren» soll die Nonne (RB Prol. 3), «laufen» soll sie, damit sie dorthin gelangt, wohin sie unterwegs ist, «denn sonst kommt sie nie ans Ziel» (vgl. RB Prol. 22). Wer läuft, der bricht auf, energisch, er schlendert nicht, er eilt. Wer mit der Regel Benedikts lebt, ist ein Mensch unterwegs, in diesem inneren Unterwegs, das in die Arme Gottes führt.

Es gibt ein tiefes Wissen der Menschen um diesen Weg: «Sie wissen, daß sie auf diesem Weg auf Gott zugehen» (RB Kap. 71,2). Es ist der Weg des eigenen Lebens, einen anderen gibt es nicht. Aber wie geht man ihn? Gerade das ist das Anliegen der Heiligen Schrift: uns zu sagen, was sich bewährt beim Gehen. Das ist das Anliegen Jesu, das ist auch das Anliegen Benedikts mit seiner Regel. Hier buchstabiert er die Heilige

Schrift noch einmal mit den Wegmarkierungen für den Alltag.

Hat er dabei ein Ziel im Auge? Ja. «... damit sie heil werden» (RB Kap. 30,3). Menschen, die beschädigt und gestört sind – und alle sind es –, sollen heil werden, indem sie sich aufmachen, gehen, unterwegs sind, heil werden nicht erst am Ziel, sondern Schritt für Schritt im geduldigen Wandern auf diesem Weg. So verstanden, ist es richtig: Der Weg ist das Ziel.

Israel geht die langen Wege von Kanaan nach Ägypten, von Ägypten zurück ins Gelobte Land, ins Land, wo Milch und Honig fließen, ins Honigland. Abraham bricht auf aus seiner Heimat, ohne zu wissen, wohin er gelangen wird, lebt als Nomade, und das nicht nur äußerlich. Er wandert umher, immer auf das Ziel zu. Bis hin zum Berg Moria, wo alles Wandern zunächst vorbei zu sein scheint im Untergang des Sohnes.

Sie alle gehen ihre Wege: Mose – auch er aus Ägypten in die Steppe und bis zum Dornbusch. Und dann zurück durch die Wüste, den ganzen langen Weg, vierzig Jahre. Die Patriarchen und Propheten, alle sind auf dem Weg des Heils. Schon Adam wandert – aus dem Paradies, nur um zurückzukehren. Und der zweite Adam (vgl. 1 Kor 15,45) wandert durch Galiläa und Judäa hinauf nach Jerusalem. Er geht seinen Weg als den Weg Gottes, als den Weg nach Jerusalem. Nach seiner Auferstehung geht er voraus – zurück nach Galiläa. Und dann geht er in den Himmel.

Nicht anders ist das Leben mit der Regel Benedikts. Das Leben der Nonne ist Gehen, ist Laufen, ist Aufbruch. Wer nicht geht, bleibt *hokken*. Und so verspricht die Nonne zu gehen, ein Leben lang zu gehen. Sie verspricht zu bleiben – auf dem Weg zu bleiben. Wenn sie dieses Bleiben – die Beständigkeit – verspricht, verspricht sie beständiges Weitergehen, gerade das Gegenteil von Starre und Hockenbleiben. Gregor, der große Kappadokier, hat das gewußt: «Da dir ein Verlangen eingegeben ist, gibt es für dich kein Stehenbleiben im Lauf. Der Lauf aber ist ein Stehen. Das ist das Widersprüchlichste: wie Stehen und Bewegung dasselbe sein können. Dies bedeutet: Je fester und unverrückbarer jemand im Guten bleibt, um so mehr läuft er auf dem Weg der Tugend» (Der Aufstieg des Mose, 404C). Nur der Weg bringt sie zum Heil, nur im Gehen schreitet sie unaufhaltsam auf Gott zu. Erst im Gehen wird sie ganz – wird sie selbst. «Geh deinen Weg vor mir und sei ganz» (Gen 17,1), so sagt der Herr zu Abraham, so sagt der Herr zu jedem Menschen. Im Gehen vor seinem Angesicht wird der Mensch ganz, wird er ganz heil.

Leben im Kloster – das ist Gehen auf dem Heilsweg der Regel. «Nichts Hartes und nichts Schweres wollen wir daher festlegen. Laß dich nicht von Angst verwirren und fliehe nicht vom Weg des Heils, der am Anfang nicht anders sein kann als eng. Wer auf ihm bleibt, dem wird das Herz weit, und er läuft den Weg Gottes im unsagbaren Glück der Liebe» (RB Prol. 46–49).

Der Anfang

Am Anfang ist alles neu. Anfang steht für die Schöpfung, für alles, was neu wird, was zu leben beginnt. «Im Anfang» – *b'r'sit, en arché* –, das ist in der Bibel ein gewichtiges Wort. Der Anfang ist nichts Zeitliches, nichts, das irgendwann einmal vorüber wäre, überholt und überflüssig. Anfang – das ist das Erste, das Wichtigste, das Bleibende: «Im Anfang erschuf Gott Himmel und Erde» (Gen 1,1) – «im Anfang war das Wort» (Joh 1,1): das sind die Anfänge, von denen die Heilige Schrift spricht. Und diese sind unüberholbar. Das hört nicht einfach wieder auf. Schöpfung dauert bis ans Ende der Zeit. Mehr noch gilt es für «das Wort». Es «war» nicht im Anfang, um zu vergehen, um irgendwann einmal ausgesprochen, fertig- und abgesprochen zu sein. Nein, es ist immer schon da, eben im Anfang, weil es das Bleibende, das Gültige, Endgültige ist. «Im Anfang war das Wort – das Wort war Gott … Der Einzige, der Gott ist und im Schoß des Vaters ruht» (Joh 1,1.18).

Der Anfang war im Paradies – war das Paradies. Von diesem Anfang her tragen wir alle eine letzte Ahnung in uns, eine tiefe Sehnsucht, daß wir einmal in diesen Anfang zurückkehren: «in Deum», in Gott hinein, so sagt die Regel Benedikts. Leben im Kloster heißt dann aber nichts anderes mehr, als den Anfang damit zu machen, ins Paradies zurückzukehren. Der Anfang ist der Beginn von etwas Neuem. Das prägt von jetzt an das Leben. Deswegen kann die Nonne mit dem Anfang nie aufhören, deswegen ist der Anfang nie zu Ende. Es geht nicht darum, mit dem

Anfang möglichst schnell fertig zu werden. Wer beginnt, nach der Regel Benedikts zu leben, hat schon viele Anfänge hinter sich. Er bleibt Anfänger. Denn der Anfang der Regel lautet: Hören, das Ohr des Herzens neigen, annehmen und erfüllen (RB Prol. 1). Das ist nicht ein irgendwann überwundener Anfang, nichts, über das man hinauskommen müßte. Es ist der Maßstab des Kommenden, des ganzen Lebens.

Benedikt nennt seine Regel: eine bescheidene Regel für Anfänger (RB Kap. 73,8). Sie ist ein Text für Menschen, die bereit sind anzufangen, die es mit dem Anfang immer neu versuchen. Das Ende der Benediktusregel ist das Wort der Weisung für den Anfänger. Ist Anfang nur der Beginn einer Spirale von Askese, von Leistung und Verdiensten, von Gebeten und Abtötung? Zielt der Anfang auf ein ständiges «mehr» an geistlicher Produktivität? Heißt Anfang: Es ist nie genug, nie gut genug? Sicher meint Benedikt mit seiner Regel für Anfänger nicht ein Leben im geistlichen Minimum. Er meint nicht: sich begnügen, es gut sein lassen. Die Weisung kann nicht bedeuten, auf Veränderung zu verzichten und eine Schmalspurexistenz zu führen.

Das Wort «Anfang» trägt ja eine Erwartung in

sich. Es ist angelegt nicht auf Produktionssteige-
rung, aber auf Dynamik und Sehnsucht. Es muß
nicht alles so bleiben, wie es jetzt ist. Im Anfang
leben heißt, immer eine Chance haben, heißt:
die Zukunft vor sich zu haben. Einen Anfang
haben ist nur ein anderer Ausdruck für die Botschaft Jesu von der Umkehr. Umkehren ist immer eine Tat, mit der ich heute beginnen, heute
einen Anfang machen muß. Es ist der Aufbruch
in eine zunehmende Entschiedenheit des Lebens. Für Umkehr lesen wir im Urtext: *meta-*
noia. Das meint das Umdenken, sich selber
hinter die Gedanken, hinter die Motivationen
kommen.

Wir kommen aus dem Anfang Gottes, wir
verlassen ihn im eigentlichen nicht. Denn der
Anfang Gottes mit uns ist nicht das erste Glied
in einer langen Kette von Werden und Vergehen, sondern das Ganze, das unser Leben immer
umfaßt und aus dem wir niemals herausfallen.
Wir gehen aus und in diesem Anfang durch diese unsere Zeitlichkeit hindurch und kehren an
unseren Ursprung zurück.

Der Exodus

Die Nonne ist ein Mensch im Exodus. Sie ist eine Hinausgegangene. Zunächst einmal ist sie aus dem Paradies hinausgegangen – wie alle Menschen. Dann ist sie hinausgegangen aus den Bindungen an die Familie, an den Beruf, an das ganze bisherige Leben. Aber im Gelobten Land, im Milch- und Honigland ist sie noch lange nicht angekommen.

Sie ist auf dem Exodus, dem Weg des Ankommens und der Rückkehr. Jeder Mensch ist im Exodus, auf dem Weg zum Auszug von dieser Erde. Leben ist Exodus. Er ist gleichsam die Grundstruktur menschlicher Existenz. Er ist nicht etwas Vorübergehendes, ein Provisorium, das vierzig Jahre dauert. Das meint ja die Zahl Vierzig: die gesamte Zeit der irdischen Existenz. Und der Exodus dauert, dauert an. Von vierzig Jahren spricht die Bibel. Das sind keine gezählten Jahre, keine Kalenderjahre. Vierzig Jahre sind die Zeit eines ganzen Lebens. So lange dauert der Auszug aus Ägypten, so lange dauert die Gott-Suche. Sie ist ein lebenslanges Programm: «usque ad mortem – bis zum Tod» (RB Prol. 50).

Leben ist ein ständiges Hinausschreiten. Das

bedeutet aber nicht ein Drauflosgehen. Es gibt ja Bedingungen für den Exodus: «Die Hüften gegürtet, Sandalen an den Füßen, den Stab in der Hand» (Ex 12,11). Das ist die Prägung des Exodus. Die Nonne lebt im Exodus. Sie ist immer im Aufbruch. Nicht in der Rastlosigkeit, in der Unentschiedenheit, nicht so, als würde sie ihr Lebtag lang nur Probe laufen.

Exodus ist die Gott-Suche. Sie beginnt immer mit dem Auszug aus Ägypten, aus Mizrajim, dem Land der Uneigentlichkeit, dem Bereich der Entfremdung. Ausziehen aus Ägypten ist aber nicht ein für allemal erledigt, es muß täglich neu geschehen. Wie der Exodus Israels geschieht der Auszug aus Ägypten im Wandern durch die Wüste, auf der Suche nicht nur nach Gott, sondern nach Wasser und Brunnen, nach Nahrung und Schatten. Immer aber eins im Blick: das Gelobte Land, wo Milch und Honig fließen, das Honigland. Über dem Exodus steht die Verheißung, daß wir ein Ziel haben, daß wir ankommen werden. Gott-Suche ist kein Ausprobieren, sondern der ständige Auszug aus den Grenzen meiner selbst. Sie ist das Hinüberwandern in den «Göttlichen Bereich» (Teilhard de Chardin).

Es heißt aber: auf der Suche sein, auf der Gott-Suche sein – ein Leben lang. Schon der Neu-kommenden wird gesagt, wenn sie nach dem Wichtigsten fragt: Ob sie wahrhaft Gott sucht (RB Kap. 58). Das Suchen ist die Gegenbe-wegung zum Sitzenbleiben, zum *Hocken,* das Gegenteil von Festhalten und Klammern. Der Exodus ist nicht der Gottesbesitz, sondern das Gottsuchen. Die Benediktusregel spricht nicht vom Gottfinden, auch am Ende nicht. Sie nimmt die Suche ernst. Sie hält es mit dem Wort von Ernst Barlach: «Ich habe keinen Gott – aber Gott hat mich.» Die Gotteszeichen auf dem Exodus sind nicht zum Festhalten: Wolke, Feu-er, Zelt.

Suchen heißt: unterwegs bleiben, heißt: nicht finden, weitersuchen. Aber nicht: irgend etwas suchen. Sondern suchen, was dem Menschen abhanden gekommen ist, was er verloren hat. Und wir alle wissen, was wir verloren haben: «paradise lost». Das Paradies haben wir verloren. Und so sucht die Nonne. Aber sucht sie irgend-einen Ort, irgendeinen Punkt diesseits oder jenseits von Eden? Sucht sie nicht viel mehr je-manden, die endgültige Beziehung, die erfüllte Liebe? Ja, alle Menschen suchen letztlich Gott.

Und deswegen sagt Benedikt «*Gott* suchen» – nicht: die Gemeinschaft, den Frieden, die Vollkommenheit, das ideale Mönchtum. Suchen kann die Nonne nur die Person, Ihn selbst, der Gott ist.

«Mühe» ist nur ein anderes Wort für den Exodus. So sagt Benedikt: «Durch die Mühe des Gehorsams kehrst du zurück» (RB Prol. 2). Der Exodus ist ein ernsthaftes Unterfangen, keine Sache der Beliebigkeit. Es ist mühsam, zu suchen, zu wandern, durch den Sand der Existenz zu laufen und vielleicht gar nicht einmal Gott zu suchen, sondern das Überleben. Der endlose Horizont, das Umherirren, der Kampf mit den Grenzen der Wander-Existenz, die ständige Entscheidung für einen Weg, die Sehnsucht nach einem sicheren Schlafplatz. Ja, und die Gott-Ferne – sie gehört auch dazu. Wer ihn sucht, weiß nicht, wie nahe er Gott ist oder Gott ihm, und ob er es überhaupt ist.

Israel erkennt oft nur noch die Ferne des Herrn, trotz der Wolke und trotz der Feuersäule. Am Schilfmeer hat es das drohende Wasser des Untergangs im Rücken und im Angesicht die Übermacht des Pharao, todbringend. «Ist nun der Herr in unserer Mitte oder nicht?» (Ex 17,7).

Das sind die wahren Gefahren des Exodus. Das Volk kann sich des Herrn nicht vergewissern, kann ihn nicht handhaben, seine Nähe nicht herbeizwingen.

Doch es ist kein Sisyphos-Programm. Es ist nicht so, als würde die Nonne nun ein Leben lang atemlos von einem Suchpunkt zum nächsten rennen, nur um festzustellen: Gott ist nicht da. Exodus ist anderes. Der Weg kommt dem Gelobten Land immer näher, dem Milch- und Honigland. Er wird klarer, dichter, konzentrierter und intensiver. Der Weg führt immer mehr auf den hin, den die Nonne sucht. Benedikt weiß um die Verheißung, die über diesem Weg steht: «So schreitet man mehr und mehr auf Gott zu» (RB Kap. 62,4). Sie kommt immer näher an das Ufer des Jordan, an den Übergang ins verheißene Land.

Es ist der Weg im Angesicht Gottes. Der, auf den wir zugehen, ist nicht nur unterwegs zu uns, er ist ja auch schon da. Er, der gesucht wird, geleitet ja schon – in der Wolke am Tag und im Feuer bei Nacht. Exodus ist nicht nur ein Aufbruch ins Ungewisse: «Mose führte das Volk heraus ... Gott entgegen» (Ex 19,17). Damit ist der Sinn des Exodus gültig ausgesagt: Er ist ein Weg

Gott entgegen. So geht auch die Nonne den Exodus als ihren Lebensweg Gott entgegen, und auf diesem Weg ihres eigenen Lebens schreitet sie auf Gott zu (RB Kap. 71,2).

Noch eines aber meint Exodus: er ist ein anderes Wort für Freiheit. Wenn Israel aus Ägypten auszieht, dann entkommt es dem Sklavenhaus, es entrinnt der Fremdbestimmung und der Unterdrückung. Israel entrinnt aber auch den Zwängen der Anpassung an die fremden Herren, der Fron der Leistung, dem Ziegelstreichen und dem Bereich der Peitsche. Israel entkommt dem Terror des Konsums, der Jagd nach Fleisch, nach Zwiebel und Knoblauch (Num 11,5).

Israel muß sich dem allem aber immer wieder entziehen. Es nimmt Ägypten ja mit, im eigenen Herzen. Die Nonne muß sich nach dem Entrinnen auch immer wieder allem entziehen. Denn Ägypten liegt in ihrem Herzen. Auch im Kloster kann sie den Zwängen Mizrajims, dem Urwort für Ägypten, erliegen. Sie kann wie Israel unter Leistungsdruck und Karrieredenken geraten, sie kann leisten wollen auch im Religiösen. Sie kann haben wollen und sogar haben müssen, auch recht haben müssen. In der Wüste aber kann man nur wandern mit wenig Gepäck. Benedikt weiß um diese Notwendigkeit, und so spricht er von «ein wenig» (RB Kap. 49,6–7) auf allen Ebenen. Wer aufgebrochen ist und wandert, muß mit wenigem, mit dem Wesentlichen auskommen. Exodus ist keine einmalige Handlung, keine einzige Tat, Exodus ist Lebenseinstellung.

Der Bundesschluß

Was dem Weg Israels durch die Wüste seine innere Perspektive gibt, ist das Zuwandern auf den Sinai hin. Auf den Bund hin geht der Weg. So wird aus dem Wüstenweg der Gottesweg, die königliche Straße durch die Steppe. Gott wartet aber nicht erst dort am Berg. Nicht erst am Sinai begegnet das Volk seinem Gott. Er ist vielmehr auf dem ganzen langen Weg bei ihm, begleitet es nicht nur, sondern trägt es, wie ein Vater sein Kind trägt (vgl. Dtn 1,31). Der Bund, auf den Israel hingeht, geht bereits mit ihm. Denn der Bund ist Er selbst.

Sinn des Bundes ist das Leben: Wähle das Leben – das ist das Angebot des Herrn: «Heute lege ich dir das Leben und das Glück, den Tod und das Unglück vor ... Leben und Tod lege ich dir vor, Segen und Fluch. Wähle also das Leben, damit du lebst» (Dtn 30,15.19). Und das Volk verspricht, sich für das Leben zu entscheiden.

Die Nonne geht wie Israel den Weg durch die Wüste auf ihren Bund zu. Sie wird hingetragen zu ihrem Sinai im Gewandbausch Gottes. Langsam wird sie getragen – auf die Profeß zu. Sie verspricht, *das Leben* zu wählen, sich für das Leben zu entscheiden, sich auf die Seite des Lebens zu stellen. Sie macht Profeß nicht auf die Regel, auf ein Buch. Sie legt Profeß ab auf das Leben. Aber das ist nichts Abstraktes. Leben ist nur ein anderes Wort für Ihn selbst: «Ich bin DAS Leben» (Joh 11,25; 14,6). Das Ja zu dem Gott, dessen Name lautet: «Liebhaber des Lebens» (Weish 11,26). Das hat Gott ja im Sinn: den Menschen ganz auf die Seite des Lebens zu holen. Profeß ist keine Entscheidung zur Abtötung, zur Abtreibung, keine Entscheidung für das Existenzminimum. Sie ist das Ja zum Leben schlechthin, zur Fülle des Lebens. Dieses Ja spricht die Nonne im Bund der Profeß dreifach aus.

Der Bund spricht den Menschen in seiner

Ganzheit an. Der Ring ist dafür Symbol: rund und ganz und umfassend, alles einschließend.

In einem ersten Kreis des Bundesschlusses bindet die Nonne ihr Leben an die Beständigkeit. Es ist wichtig, daß mit *Beständigkeit* eine Fähigkeit gemeint ist, die für das Gelingen menschlichen Lebens eine beträchtliche Bedeutung hat: das Stehen-Können, das Stabil-Sein angesichts des Zwangs, an allem (und alles) zerbrechen zu müssen, und zugleich die Fähigkeit, bleiben zu können «usque ad mortem – bis zum Tod» (RB Prol. 50).

In einem ersten Verständnis geht es dabei um die «Beständigkeit der Füße» (Magisterregel 64,2): um das Bleiben am Ort, beispielsweise im Kellion, in der Wüste oder in einem sehr pointierten Sinn im Lériner Mönchtum um das «in insula vivere». Der tiefere Sinn erschließt sich aber erst aus der «Beständigkeit des Herzens» als Bleiben in sich selbst, in der Gemeinschaft, in Christus. Beständigkeit meint entgegen einer naheliegenden Vermutung keinen Mangel an Beweglichkeit oder Feinnervigkeit. Sie ist vielmehr die Absage an die Lebensauffassung des ständig Experimentellen und der Unverbindlichkeit und damit der Entscheidungslosigkeit und Unverläßlichkeit.

Benedikt weiß, wovon er spricht, wenn er als monastische Horrorvorstellung den Gyrovagen (RB Kap. 1,10–11) kennzeichnet, jenen Menschen und Mönch, der – per gyrum vagari – auf dem Erdkreis umherschweift. Es handelt sich um Menschen, die nie zur Reife kommen, sich nirgends engagieren, weil sie es (innerlich) nirgendwo aushalten trotz äußerer Anwesenheit; die ein Leben lang (tota vita sua) immer unstet sind (semper vagi), niemals beständig, niemals bei sich selbst (numquam stabiles) oder, um es mit einem neuzeitlichen Buchtitel zu formulieren, die nie standhalten, sondern immer flüchten (H.-E. Richter).

Diesem tödlichen Lebensentwurf stellt sich die Beständigkeit als Absage an den permanenten Wechsel dar und bildet ein Kriterium der Reife (vgl. RB Kap. 66,1). Dies gilt bereits im äußeren Bereich, wenn Benedikt für das Kloster vorsieht, daß seine Werkstätten und Arbeitsbereiche sich innerhalb befinden mit der Begründung: «So brauchen die Mönche nicht draußen herumzulaufen, denn das ist für sie überhaupt nicht gut» (RB Kap. 66,7). Solches Draußen-

Herumlaufen und Umherschweifen gibt es auf allen Ebenen unserer Existenz. Demgegenüber ist die Beständigkeit die Chance zur Konzentration und Verdichtung der Existenz an *einem* (inneren) «Ort». Sie ermöglicht damit die Entschiedenheit des Lebens und das Standhalten vor der Wirklichkeit und hindert an der Flucht – auch in die Bereiche des Religiösen.

Vorbild solcher Beständigkeit ist nicht die Frau Lots, die zur Salzsäule erstarrte, sondern Abraham, der auf seinem Weg zu Gott stabil blieb. Es geht nicht um die Absage an Lebendigkeit und Dynamik, sondern um die Stabilität der Veränderung: «Leben heißt: sich verändern. Vollkommen sein heißt: sich oft verändert haben» (H. Kardinal Newman).

Ein zweiter Aspekt des Bundes wird mit dem Begriff der *conversatio morum* bei Benedikt zum Ausdruck gebracht. Die Vorstellung eines klösterlichen Tugendwandels, wie man den Begriff übersetzen könnte, trifft das eigentlich Gemeinte kaum. Der Begriff weist zurück auf urchristliches, biblisches Grundgestein und meint zunächst die Entscheidung zum Christsein, die in der Taufe ihre Bestätigung findet, später dann die Entscheidung zum Mönchtum. Es geht nicht nur um die «Bekehrung der Sitten», sondern um zwei neutestamentliche Basis-Worte, die von großer Tragweite sind: die *metanoia* als *conversio* und die *politeia* als *conversatio*. Die Umkehr (metanoia) meint die grundsätzliche Hinwendung zu Jesus als dem Messias. Der «Wandel» (politeia) deutet in den Kategorien der paulinischen Briefe den Lebensstil dessen, der sich zur Umkehr entschlossen hat. Seine eigentliche Bedeutung schöpft das Wort *conversio/cotiversatio* in der Mönchsliteratur aus dem Anschluß an Eph 2,12 und Phil 1,27, wo es den «Wandel» im Geist Jesu Christi bedeutet. Solche «politeia» meint seit den Wüstenvätern den monastischen Wandel, die monastische Lebensform in einem die ganze Lebensgestalt umgreifenden Sinn als «bios monastikos».

Die Erwartung, die dem Gelübde der *conversatio morum* zugrunde liegt, ist die Antwort auf die Frage: «Was muß ich tun, um das ewige Leben zu erlangen?» (Mt 19,16). Der Begriff der *convers(at)io* lenkt den Blick in die Richtung eines Lebensstils, der vom Evangelium geprägt ist. Damit wird die *conversatio* zu einer Absage an eine Haltung, die geprägt ist von Konsumdenken und Egoismus, vom Habenmüssen (auch den Himmel). Die *conversatio* ist in erster Linie die Entscheidung für das Sein vor dem Haben. Sie erfordert eine neue Sensibilität für den Umgang mit der Wirklichkeit und mit der eigenen Einschätzung als Selbstverachtung oder Eigenzelebration. Diese Dinge meint Benedikt, wenn der dem Begriff der *conversatio* noch hinzufügt: «morum suorum». Es handelt sich also um die «eigenen» *mores* Gewohnheiten und Angewohnheiten, um das, was «man so an sich hat». Die *mores* haben meist die Neigung, sich in Richtung Egozentrik und Skurrilität zu entfalten. Den Eigenheiten und Eigentümlichkeiten gilt es dort zu entsagen, wo sie sich verselbständigen und die Selbstillusion aufkommen lassen, der Umkehr nicht bedürftig zu sein.

Als Hin-Wendung bedeutet die *conversatio morum* aber nicht nur ein Leben in der Ausrichtung am Evangelium, sie weist auf etwas noch Grundsätzlicheres hin. Sie will an die ständige Umkehr aus der Gottvergessenheit erinnern, die Benedikt gerade als Gefahr für den Mönch zum Ausdruck bringt: «Der Mensch ... hüte sich, Gott je zu vergessen» (RB Kap. 7,10). Die *conversatio morum* schließt auch die ständige Umkehr zu Gott hin ein, zum Erinnern Gottes. Sie ist die Absage an den praktischen Atheismus des Alltags, der auch und gerade die Mönche ergreift.

«Innerliches Leben kommt nicht von selbst, auch nicht der Glaube, auch nicht das Gebet ... Die Kirche und auch der Kontemplative finden sich dem Atheismus im eigenen Innern konfrontiert. Dieser ist ja nicht nur Sache der Ungläubigen; vielmehr trägt jeder ihn schmerzlich auf dem Grund seiner selbst. So seltsam es klingen mag: ehe der Mönch in göttlichen Dingen erfahren ist, ist er Experte des Atheismus» (A. Louf).

Damit wird die *conversatio morum suorum* ein Lebensprozeß, der niemals ganz abgeschlossen werden kann. Nicht ohne Grund, in jedem Fall ohne jegliche geistliche Koketterie spricht Benedikt daher von der «Regel für Anfänger» (RB Kap. 73,1). Er spricht darin das Wissen um die Undispensierbarkeit von der ständigen Erneuerung aus.

Der Gehorsam

Ein drittes Bundeszeichen steht noch aus:

Der Bund wird ausgesprochen im Gehorsam. Für viele ist gerade der Gehorsam identisch mit dem Negativen schlechthin, der Abkehr von Mündigkeit, Selbstverantwortung, Denken und Selbstrespekt.

Und doch hat es sich inzwischen herumgesprochen, daß Gehorsam von Hören kommt. Hören aber meint in seiner lexikalischen Grundbedeutung: ein scharfes Ohr haben. Damit rückt Gehorsam in die Nähe positiver Fähigkeiten: Hören ist die Fähigkeit, der Taubheit zu entsagen, und erfordert Vertrauen als Absage an das Mißtrauen.

In diesem Zusammenhang des Gehorsams kommt das urchristliche Grundwort der *abrenuntiatio* aus dem Taufritus bei Benedikt an einer Stelle vor: «... wenn du dem Eigenwillen widersagst/entsagst – abrenuntians propriis voluntatibus» (RB Prol. 3). Der hier genannte Eigenwille betrifft nicht die Fähigkeit des Menschen zur Selbständigkeit und den legitimen Wunsch, seiner selbst mächtig zu sein oder es doch zu werden, sich entfalten und wirkmächtig sein zu können. Die Absage an den Eigenwillen bedeutet vielmehr die Freiheit von der Illusion, niemandem etwas zu schulden und ohne Rücksicht leben zu können, und ist in diesem Sinn als Gehorsam zu verstehen. Er ist die Chance, nicht nur mit den eigenen Auswahlkriterien zu hören, sondern das Ganze zu hören, was Gott und Menschen zu sagen haben. Bei solchem Gehorsam gilt es, nicht schon während des Hörens auszuwählen und bereits abzuwehren, nicht schon beim Hören eine Gegenrede zu ersinnen. Es gilt vielmehr, auch die Ober- und Untertöne wahrzunehmen und die Nuancierung dessen, was gesagt wird. Solches Hören ist aber zugleich die Absage an einen kurzschlüssigen und konfliktscheuen Untertanengehorsam. Die *oboedientia* soll vor allem die Absage an die Meinung sein, man wisse alles besser und habe allein den vollkommenen Überblick.

Es bedarf keines weiteren Hinweises, daß eine solche Sicht des Gehorsams identisch ist mit dem Weg der Selbsterkenntnis und so den Reifungsprozeß meint, der geprägt ist von den zahlreichen Absagen an die vielen Selbstillusionen.

Wir sind nicht dazu verurteilt unterzugehen, sondern sollen befähigt werden, den Weg der

Nachfolge einzuschlagen, damit am Ende nicht der Untertan steht, sondern der Mensch, dem das Herz weit geworden ist (vgl. RB Prol. 49).

Das erste, was die Nonne tun muß, ist hören. Wer hört, ge-hört zu jemandem. Nicht Hörigkeit ist gemeint, sondern Zugehörigkeit. Wer zugehörig ist, der liebt. Wer liebt, möchte wenigstens die Stimme des geliebten Menschen hören. Der Wunsch nach dem Hören der Stimme macht den Anfang der Liebe aus und prägt sie. «Liebe Brüder, was kann beglückender für uns sein als diese Stimme des Herrn, der uns einlädt?» (RB Prol. 19). Gehorsam ist kein Immer-mal-Wieder. Gehorsam ist ein Zustand. Er ist nicht die Befindlichkeit des Untertanen, sondern dessen, der der nicht genug hören kann. Dann haben wir aber nie ein für allemal gehört. Wir gehen gleichsam den Weg des Hörens. Und: «Auf diesem Weg des Hörens gehen sie auf Gott zu» (RB Kap. 71,2). Es ist die Chance der neuen Geburt. Benedikt meint, man dürfe nicht mit dem einmal Gehörten zufrieden sein. Vielmehr muß die Nonne sich einlassen auf die Be-weglichkeit, die Gott ihr zutraut. Wer «nur» gehorsam ist, verpaßt sein Leben und verpaßt den lebendigen Gott.

Wie Abraham ist die Nonne gerufen, und es wird Lebensgehorsam von ihr erwartet. Nur mit *ihrem* Leben kann sie antworten, und nur so, wie sie geworden ist, als der Mensch, der sie heute ist. Und nur auf dem Weg des eigenen Lebens kann sie gehorsam sein. Dieses Leben aber ist ein geprägtes. Sie bringt schon Verletzungen mit, manchmal von Jugend auf und Kindheit an. Sie hat Verwundungen, Lebenswunden. Lebensgehorsam ist die Zustimmung zum Leben, nicht allgemein, sondern zu dem Leben, das das ihre ist. «Die Annahme seiner selbst» nennt Romano Guardini dies in einem Buchtitel.

Und um den Glaubensgehorsam geht es. Glaube ist nicht nur – vielleicht am wenigsten – Sicherheit und Gewißheit, er ist kein fester Besitz, mehr noch stets gefährdet. Vielleicht hat er Risse, Glaubensrisse. Gehorsam heißt auch: Diesen holprigen Glaubensweg gilt es zu akzeptieren. Wie der Glaubensgehorsam Abraham von den Hausgöttern aus Ur in Chaldäa wegführt, so verläuft auch der Glaubensweg der Nonne mit Aufbrüchen und sich Niederlassen, mit Umwegen und Rückkehr, mit Nacht und Angst, mit dem Anbruch des neuen Morgens.

Wo aber läuft denn dieser Weg? Im Alltag des

Klosters. Dort setzt die Nonne Schritt für Schritt auf diesen Weg, und sie hört dabei. Nicht den Donner vom Sinai, nicht das «Brüllen der Stimme Jahwes». Es ist ganz anders: Sie hört wie Elija das feine, leise Säuseln wie von einem Windhauch (vgl. 1 Kön 19,13). In den Banalitäten, den Kleinigkeiten und leisen Tönen des alltäglichen Lebens ist der Gehorsam angesiedelt. Im Hören muß schon die Bereitschaft sein, sich nicht erst bitten zu lassen, sondern zuvorkommend zu handeln. Das nennt man Erwachsensein, das ist Reife. Dann aber wäre Gehorsam gar nicht Re-aktion, sondern Aktion, nicht behandelt werden, sondern handeln, nicht ge-lebt werden, sondern leben? Dafür steht Gott selbst ein in der Person Christi. An ihm zeigt sich, wie sehr der Gehorsam die tiefe Kraft zum Leben ist, das vor Gott zu ver-antworten ist. Wer hört, der antwortet. Wer gehorsam ist, der verantwortet. Er übernimmt die Verantwortung, die Gott ihm zugedacht hat.

Die Gotteserfahrung

Erfahrung ist ein Leitwort unserer Zeit. Es soll die Einlösung aller Behauptungen, aller Ideologien, aller Theorien signalisieren, auch aller Dogmen. Je mehr ein Mensch von eigenen Erfahrungen spricht, um so glaubwürdiger ist seine Rede und um so bereitwilliger glaubt man ihm.

Nun, es scheint, als brauchte die Nonne nicht einzustehen für Dogmen und Ideologien, aber sie muß doch einstehen für Ideale. Auch wenn sie nicht mit Worten redet, gibt es eine Rede ohne Worte, die getragen und eingelöst sein muß von der Erfahrung dessen, wofür sie mit ihrer Lebensform steht. Aber hier ist von mehr die Rede als von Lebenserfahrung, es geht um die Erfahrung Gottes. Was ist das? Hat «man» sie? Hat jede Nonne sie? Ist sie gar dafür prädestiniert? Ist das ihr Beruf?

Gotteserfahrung ist nichts, was die Nonne sich aneignen kann. Nur bereit sein, das muß sie, offen sein für den Ruf. «Wo ist der Mensch, der das Leben liebt, und gute Tage sehen möchte!» (RB Prol. 15; vgl. Ps 34,13). Sie hört die Frage und weiß, wer da fragt. Dieses «Wissen» ist ganz tief in ihr: «Es ist der Herr» (Joh 21,7). Der Herr fragt nach ihr. Er fragt, wo sie ist und was für ein Mensch sie ist. Ob sie wohl eine ist, die das Leben liebt. Ist doch der, der solches fragt, selbst Liebhaber des Lebens (Weish 11,26). Gotteserfahrung ist zunächst das Wahrnehmen einer Frage und das Angebot, das Leben zu lieben, selbst eine Liebhaberin des Lebens zu werden. Von dieser Art ist die Zuwendung Gottes zum Menschen. Wenn sie die Frage hört, dann antwortet sie spontan mit dem einzig möglichen Wort: «Ich» (RB Prol. 16). Sie bringt sich selbst ins Spiel. Gotteserfahrung heißt, Ich-Sagen können und dürfen. Mit der Frage Gottes ist sie selbst gemeint, so wie sie ist. Erst im Ich-Sagen kann sie zum Du Gottes werden.

In diesem knappen Dialog, den Benedikt an den Anfang seiner Regel setzt, geschieht Begegnung. «Alles wirkliche Leben ist Begegnung», sagt Martin Buber. Vielleicht ist eben dies das Zentrum aller Gotteserfahrung: die Begegnung von Ich und Du. Es gibt viele Räume solcher Begegnung. Welcher Raum aber könnte wahrhaftiger sein als der der Liebe! Aber eigentümlich still bleibt die Benediktusregel, wenn es um diesen Raum geht. Sie stellt ihn nicht vor, malt ihn nicht aus. Nur als Zielvorstellung spricht sie von ihm: «Der Liebe Christi sollen sie überhaupt nichts vorziehen» (RB Kap. 72,12). Benedikt übernimmt das Wort von Cyprian († 258), der es in der Zeit der Verfolgung gesagt hat, und dieser fügt daran: «... weil auch Christus uns gar nichts vorgezogen hat.» Für Christus steht nicht nur die Menschheit, sondern steht der einzelne an erster Stelle. Die Priorität Christi ist der Mensch. So geht es nicht zuerst um das Gefühl der Gotteserfahrung, sondern um die Entscheidung für Christus. Die Frage nach der Liebe ist die Frage nach den Prioritäten eines Lebens. Wem gilt der Einsatz? Was ist wichtig, absolut wichtig? «Petrus, liebst du mich?» (Joh 21,16).

Gotteserfahrung gehört deshalb nicht in das Ghetto der Gefühle, sondern in den freien Raum der Entscheidung. Wer von Gotteserfahrung spricht, muß mündig sein, mit eigenem Mund sagen: «Ich». Dieser Raum ist aber zugleich geschützt, der Ort der Innerlichkeit. Gotteserfahrung ist nicht frei verfügbar und formulierbar, sie ist im Unsagbaren angesiedelt und verweigert die Antwort auf das nackte «Wie». Sie ist ja auch kein Zustand, kein Haben, sondern Sein und Dynamik.

Begegnung geschieht nicht nur in der inneren Kammer des Herzens. Da auch – selbstverständlich. Aber alle Gotteserfahrung hat es zu tun mit der Begegnung zwischen Mensch und Mensch. Ja, die Bibel mißt an einer Stelle die Gotteserfahrung mit dem Maß menschlicher Freundschaft. «Der Herr und Mose redeten miteinander Auge in Auge, wie ein Mensch mit seinem Freund redet» (Ex 33,11). Dann gilt aber umgekehrt: Wem immer die Nonne begegnet «von Angesicht zu Angesicht», in dessen Angesicht erkennt sie das Antlitz Gottes. Ausdrücklich sagt die Urerfahrung der Kirche: «Hast du deinen Bruder gesehen, dann hast du deinen Herrn gesehen» (Tertullian). Begegnen sich Freund und Freund, Freundin und Freundin, Mann und Frau, Bruder und Schwester, dann geschieht Gottesbegegnung. So sieht es auch Benedikt: Wer der Schwester als Schwester begegnet, der begegnet Gott selbst (vgl. RB Kap. 36,2 und 53,2). Menschliche Begegnung gewinnt neue Qualität.

Und nie ist Gotteserfahrung und Gottesbegegnung ganz erfüllt. Es bleibt der Raum der Erwartung, der Sehnsucht heißt. Die Nonne wartet auf ihren Gott «... mit aller geistlichen

Sehnsucht und Freude» (RB Kap. 49,7). Sie lebt in einer Intensität der Erwartung, die schon Erfüllung ist. Er-Fahrung meint aber immer: noch auf dem Weg ins Land der Verheißung sein, noch ist niemand im Land von Milch und Honig angekommen. Wir sind noch «auf Fahrt» dorthin. Aber die Nonne hofft, im Honigland anzukommen, bei Ihm anzukommen, wo erfahren nicht mehr notwendig ist, weil sie zu Hause ist.

Die Gemeinschaft

Die Nonne lebt nicht im luftleeren Raum, sie lebt nicht fernab von Menschen. Nicht: jeder für sich und Gott für uns alle ist ihr Ideal, sondern das gemeinsame Leben. «Dios solo basta», so sagt wohl Teresa von Avila, aber das heißt nicht, es gäbe nur die Einsamkeit des eremitischen Lebens. Im Gegenteil, die Benediktinerin lebt nach einer Regel, die ausdrücklich das Leben in Gemeinschaft zum Mittelpunkt des monastischen Ideals macht. «Sie leben im Kloster und dienen unter Regel und Abt» (RB Kap. 1,2).

Es könnte scheinen, als ginge es hier um die Nachbildung der Familie. Aber in der Regel Benedikts kommt das Wort Familie gar nicht vor. Ein ganz eigenes Leitbild prägt dieses Gemeinschaftsleben, ein Modell, das am Ursprung des Christentums steht: die Urgemeinde in Jerusalem (Apg 2 und 4). Lukas zeichnet das Idealbild einer Gemeinde, die versucht, gemeinsames Leben zu verwirklichen. Was hält diese Menschen zusammen? Dazu gibt die Apostelgeschichte eindeutige und klare Hinweise: der gemeinsame Glaube, das gemeinsame Gebet, der Lobpreis Gottes, das Brotbrechen, der gemeinsame Besitz, der Wunsch, «ein Herz und eine Seele» zu sein. Aber: noch geht es nicht um klösterliche Gemeinschaft, sondern um eine «Anleitung zum christlichen Leben» (G. Holzherr). Nichts anderes will gemeinsames Leben nach der Regel Benedikts sein – wahrhaft christliches Leben in der Gemeinde derer, die Gott suchen. Die Gemeinschaft des Klosters ist daher nicht exklusiv oder isoliert, sich selbst genügend, sondern *eine* Form christlicher «koininia».

«Obgleich die Benediktiner einräumen, daß nicht jeder Mönch sein kann oder soll, zeigt ihre gemeinschaftliche Disziplin, wie man miteinander in der Welt lebt, nicht wie man sie verläßt» (Harvey Cox). Das gemeinsame Leben der Nonnen steht unter Anliegen, die Benedikt formuliert hat, die ihr das eigentümliche Gepräge und die bestimmte Atmosphäre geben, die jedes Kloster auf seine ihm eigene Weise besitzt und vermittelt. Was ist das: gemeinsames Leben? Wir kommen ihm am besten auf die Spur, wenn wir seine Zeichen in der Regel Benedikts befragen.

«. . . alle zusammen» (RB Kap. 72,12)

Wie ein Refrain zieht sich dieses Anliegen durch den Text der Regel. Mit dieser knappen Formulierung faßt Benedikt sein Anliegen zusammen. Nicht die Einzelkämpferin ist das Leitbild, nicht die einsame Seele, sondern die einzelne in der Gemeinschaft. Wem käme hier nicht der Gedanke von Uniformität, von schlechter Gleichheit? «Alle zusammen» – aber nicht so, als ob immer alle zur selben Zeit dasselbe tun oder gar denken müßten. Nicht die Unerkennbarkeit der einzelnen wird hier gepriesen, es geht um eine ganz andere Dimension: «alle zusammen» – *glauben, beten, besitzen* und teilen, *Brot brechen, lobpreisen, eines Sinnes sein*. Es ist zugleich das letzte Wort der Regel. Und erst am Ende bindet Benedikt sein Ideal an das endgültige Ziel. «Christus führe uns alle zusammen zum ewigen Leben» (72,12). Die Perspektive, die dem «alle *gemeinsam*» zugrunde liegt, ist bestimmt vom ewigen Leben her. Die Bibel hat dafür das Bild vom himmlischen Jerusalem, von der neuen Stadt (Offb 21).

Alle zusammen – das schließt niemanden aus. Nein, der Herr führt alle Menschen zu dieser himmlischen Stadt, nicht nur diese Handvoll Nonnen, er führt die ganze Menschheit in den Horizont des neuen Jerusalem.

«...jedem, wie er es braucht» (RB Kap. 34,1)

Das Wort *alle zusammen* ist nicht die alles verschlingende Größe. Viel Raum ist für die einzelne vorgesehen. Was sie jetzt und hier braucht, das ist eine Frage, die in der Gemeinschaft des Klosters eine wichtige Rolle spielen soll. Niemand darf in der Masse untergehen, sondern muß in seiner Einmaligkeit respektiert werden. Gemeinsames Leben ist keine Bevormundung und nicht das verführerische «Ich weiß, was für dich gut ist».

Benedikt sorgt für den notwendigen Freiraum einer jeden. Der gilt für das Zugeteilte im materiellen Bereich, für Essen und Trinken, das gilt für die Arbeit und den Schlaf. Das gilt für das Lernen und Lesen.

Gemeinsames Leben meint nicht: die Meßlatte so hoch anlegen wie möglich. Die Orientierung am Möglichen gilt sogar für das gemeinsame Ideal des Mönchtums. Nur «ein wenig» (RB Kap. 49) sollen sie sich an asketischen Übungen abfordern, das Gebet in der Gemeinschaft sei nur kurz (RB Kap. 20,4). Niemand aber kann kurzerhand das Minimum zu seinem Lebensinhalt machen. Wie mit dem Maß umgegangen wird, dafür muß die einzelne mit ihrer Verantwortung einstehen. Keine kann sich von dieser Verantwortung für sich selbst und für die anderen dispensieren. Sie muß wissen, warum ihre Möglichkeiten geringer sind und daß sie kein Privileg bedeuten.

Es gilt aber auch umgekehrt: Keine darf unterfordert werden. Wer die Herausforderung braucht, der muß sie erhalten. So sagt es ja die Regel Benedikts: «... damit die Starken finden, was sie suchen» (64,19).

Die Orientierung an dem, was die einzelnen

brauchen, ist der Gradmesser für die Reife einer Gemeinschaft. Wenn sie keine «Gesellschaft der Neider» sein will, dann erfordert der Blick auf die eigenen Bedürfnisse und Fähigkeiten und auf die der anderen einen kritischen Umgang mit dem Minimum und dem Maximum. In einem Satz, der auch symbolisch verstanden werden kann, läßt sich das zusammenfassen: «...daß die Kleider denen, die sie tragen, nicht kurz sind, sondern passen» (RB Kap. 55,8).

«... sich gegenseitig dienen» (RB Kap. 35,6)

Jede Gemeinschaft stirbt, wenn eine Versorgungsmentalität vorherrscht. Die Grunderwartung, welche die Regel Benedikts an jede richtet, ist gegenläufig zur «ohne mich»-Haltung. Nein, hier ist jede gefragt. Benedikt sagt ja nicht einfach «dienen», sondern *sibi invicem* — einander, sich gegenseitig dienen. Da bleibt niemand übrig, der sich davon ausschließen könnte. Es ist doch die Frage gestellt, was *ich* denn tun muß in der Situation, in der ich mich befinde. Welche Verantwortung *ich* denn tragen und auf mich nehmen muß. Immer wieder flicht Benedikt in seine Regel diesen Hinweis in den unterschiedlichsten Situationen ein: *einander und gegenseitig.*

Gemeinschaft kann nicht heißen, daß die einen ständig auf Kosten der anderen leben. Keine Gruppe im Kloster wird einseitig in die Pflicht genommen und belastet. Vielmehr wird jede einzelne daran erinnert, daß sie etwas beitragen kann und muß, wenn Gemeinschaft lebensfähig sein soll. Klösterliche Gemeinschaft ist kein Nest, keine Kuschelgruppe, keine Nische, wo man sich einfach holt, was man braucht. Im Gegenteil, wer «das Seine» bekommt, muß bereit sein, «das Seine» beizutragen.

Aber auch nur: das *Seine.* «Jeder trägt mit der Kraft, die ihm zugemessen ist. So wächst der Leib und wird in Liebe aufgebaut», sagt der Apostel Paulus (...) Wer die eigene Verantwortung auf sich nimmt, antwortet auf die Erwartung, die an sie ergeht.

«... damit niemand traurig sein muß»
(RB Kap. 31,6)

Sieben Mal formuliert (RB Kap. 31,6; 31,19; 34,3; 35,3; 36,4; 48,7; 54,4) Benedikt sein Anliegen in verschiedenen Zusammenhängen. Gemeinschaft muß ein Raum sein, der nicht vom Unglück, gar der Verzweiflung geprägt ist. Entscheidend ist die Atmosphäre, in der die Würde der einzelnen respektiert wird. Nicht traurig sein – das meint allerdings keine laute Fröhlichkeit, keine aufgesetzte gute Laune. Ein getröstetes Miteinander herrscht unter den Schwestern. Keine setzt die andere willkürlich in Schrecken, schüchtert sie ein oder verunsichert sie. Keine versucht zu dominieren, alles aufzubieten und auszuspielen, was die Atmosphäre vergiftet.

«. . . so bleiben alle im Frieden» (RB Kap. 34,5)

An das Ende seiner Regel stellt Benedikt eine Vision. Am Ende faßt er zusammen, wie er sich eine Gemeinschaft aus dem Geist Jesu Christi vorstellt. Im 72. Kapitel hat er gleichsam sein Testament niedergelegt, sein Vermächtnis an die Generationen nach ihm weitergegeben. Es ist die Vision vom guten Eifer:

> «Diesen Eifer sollen also die Mönche mit glühender Liebe in die Tat umsetzen, das bedeutet: Sie sollen einander in gegenseitiger Achtung zuvorkommen;

ihre körperlichen und charakterlichen Schwächen sollen sie mit unerschöpflicher Geduld ertragen;
im gegenseitigem Gehorsam sollen sie miteinander wetteifern;
keiner achte auf das eigene Wohl, sondern mehr auf das des anderen;
die Bruderliebe sollen sie einander selbstlos erweisen.»

Es ist eine Vision vom Frieden. Die große Menschheitsvision vom allumfassenden Frieden wird hier in der kleinen Münze des Alltags ausgesprochen. Irgendwo muß er anfangen, irgendwie muß er spürbar werden. Verdächtig ist für Benedikt allerdings jeder faule Friede und jeder schwächliche Kompromiß. Nur um Konfliktbewältigung kann es gehen, nicht um das Leugnen. Nur um Konfliktlösungen kann es gehen, nicht um Verdrängen: *«Keinen falschen Frieden schließen»* (RB Kap. 4,25). Der würde die Gemeinschaft nur zerstören.

Eine Gemeinschaft lebt nur im Frieden, nicht wenn sie ihn hat, sondern wenn sie ihn jeden Tag neu einübt. Versöhnungsbereitschaft ist das Stichwort, nicht Harmonie. Die aber will täglich geübt werden: *«Bei einem Streit noch vor Sonnen-untergang in den Frieden zurückkehren»* (4,73). Das ist nicht: Friede um jeden Preis, wirklich um *jeden*. Es ist der Friede, der nur jeden Tag wieder erneuert werden kann. Wir haben ihn nicht, er wird – ganz langsam.

Eine heile Welt?

Nein, keine heile Welt! Die Gemeinschaft im Kloster ist keine heile Welt: alles, was die Regel sagt, spricht sie als Anliegen aus, als Erwartung: «Suche den Frieden und jage ihm nach» (RB Prol. 17; Ps 34,15). Nirgends ist er eine Beschrei-bung der Wirklichkeit. Ausgesprochen ist nur, was einmal Wirklichkeit werden soll: Schalom im Werden. Und doch gibt es diesen Frieden schon. Aber er ist kein Ideal, keine Idee, auch keine Uto-pie. Er ist: eine Person. «Jetzt aber seid ihr, die ihr einst in der Ferne wart, durch Jesus Christus in die Nähe gekommen. Denn *er* ist unser Friede» (Eph 2,13 f.).

Das also heißt Friede: in die Nähe kommen. Einander in die Nähe kommen, einander nahe kommen. Und Gott in die Nähe kommen, ihm nahe kommen.

Gemeinsam in dieselbe Richtung

Ein modernes Wort lautet: «Liebe heißt: In dieselbe Richtung schauen.» Das läßt sich abwandeln und gilt darin ebenso von der Gemeinschaft: gemeinsam in dieselbe Richtung schauen. Wo liegt die gemeinsame Richtung? In den gemeinsamen Anliegen, in der Arbeit, im Miteinander, in den Idealen? Benedikt spricht klar von der Richtung, in die alle gemeinsam schauen: «Dem Gottesdienst soll gar nichts vorgezogen werden» (RB Kap. 43,3). Hier geht es um die letzte Priorität der Gemeinschaft. Was ist sie eigentlich, was ist ihr Ziel, was ihre Aufgabe? Der Gottes-Dienst. Das ist wohl zu unterscheiden von einem Ritus, von einem liturgischen Vollzug. Gottes-Dienst – das ist Gottes Dienst an uns. Er tut etwas an uns. Wir antworten darauf im Wort der Psalmen, im Gesang der gregorianischen Klänge. Hier ist die Gemeinschaft geeint – eine eigentümliche Einheit geworden. Alle schauen in dieselbe Richtung, in die Richtung, aus der der Herr kommen wird – einmal und für immer.

LILIANE JUCHLI

Der Heilsweg des Menschen

Jemandsland ist hier und dort, ist allüberall, und eines jeden Menschen Leben ist letztlich *Heilsgeschichte*. So füge ich dem engeren Kreis der *Frauen im Fahr* und den Frauen, die eingebunden sind in die Klarheit einer *benediktinischen Regel,* gleichsam einen erweiterten Kreis hinzu, der *jeden* Menschen, Frau wie Mann, mit einschließt.

Wie aber verhält es sich mit den Menschen dieses Kreises der «Nicht-Fahrer-Nonnen»? Sind wir nicht alle Fahrende, Pilger in dieser unserer Welt? Wie steht es um die «Nicht-Regulierten», wird doch jedes Sein bestimmt und geordnet durch Regeln? Folgt nicht jeder Lebensweg letztlich dem Ruf einer geheimen Regel, und spüren wir nicht alle immer wieder so etwas wie einen uns innewohnenden Lebensentwurf, dem zu entsprechen wir vorangetrieben werden?

C. G. Jung spricht von einer «archetypischen Regel», die dem Menschen hilft, «der zu werden, der er werden soll», was auch heißt: seinem ureigenen Heilsweg zu folgen, um zur Lebensreife zu gelangen.

Den einen Kreis mit dem andern verbindend, denke ich an Frauen, die wie ich zwar einer Regel verpflichtet sind (in meinem Fall ist es die Regel des dritten Ordens des heiligen Franziskus), die aber nicht in Klausur leben, sondern irgendwo in der Welt in den Dienst am Menschen gestellt sind. Ich denke an alle Frauen, die als Alleinlebende oder als Ehefrauen und Mütter einen oft schweren Lebensweg zu bewältigen haben, wie auch an alle Männer, die im rauhen Wind der heutigen Berufswelt sich bewähren müssen. Und ich schließe jedermann ein, der wie «du und ich» in diese Welt gekommen und hineingestellt ist in die große Fragen-Trias: Woher komme ich? Was soll ich? Wohin gehe ich?

> Ich bin, ich weiß nicht wer
> ich komm, ich weiß nicht woher,
> ich sterb, ich weiß nicht wann,
> ich geh, weiß nicht wohin,
> mich wundert, daß ich fröhlich bin.

Es ist Angelus Silesius, der cherubinische Wandersmann, der uns diese Worte hinterlassen hat. Sie gelten heute wie damals und betreffen den Menschen der Postmoderne ebenso wie den Menschen des frühen Mittelalters. Dieses «Trotzdem-fröhlich-sein-Können» wurzelt im tiefen Wissen des Geleitetseins trotz allem und durch alles hindurch. Der religiöse Mensch ahnt darin die *Geschichte Gottes mit seiner Seele* – Heilsgeschichte. Doch auch der nicht-religiöse Mensch sucht nach seinen Wurzeln, reflektiert und befragt sein Geschick. Wie nie zuvor können wir beim Menschen der heutigen Zeit Geschichtsbewußtsein feststellen, bezogen sowohl auf die je individuelle Geschichte wie auch auf die Zeitgeschichte und die Vergangenheitsgeschichte. Und jede dieser Geschichten konfrontiert uns mit einer Wirklichkeit, die immer wieder das «Gesicht der Exodus-Erfahrung» trägt: ein Weg von hier zu dort, in dessen Zentrum die existentielle Krisenerfahrung steht. Unausweichlich zugemessen ist jedem Menschen diese einschneidende Wende-Erfahrung.

Jedes Leben ist letztlich Leben von Übergang zu Übergang und darin ein Anstoßen und

Überschreitenmüssen von Hindernissen und Grenzen. Grenz- und Krisenerfahrungen sind *Wüstenerfahrungen,* weshalb sich die *Symbole der Wüste wie auch die Symbole des Exodus* ganz besonders anbieten, um etwas über dieses Lebensthema auszusagen: Wüste als Bedrohung und Krise, aber Wüste auch als Grunderfahrung des «Hindurch» und des «irgendwie Geführtwerdens da drin».

Von solcher Erfahrung sprechen auch diese Worte eines Menschen unserer Zeit:

> Die unterwegs sind durch die Wüste
> wandern auf einem Grundstrom,
> der mit ihnen geht –
> sie wurzeln in einem kostbaren Stein,
> der sie trägt.
> *Josua Boesch*

Entscheidend dafür, ob wir Wüstenerfahrungen – Grenzen und Krisen – als Heilsweg sehen können oder eben nicht, ist das Hinschauen auf die *Ganzheit des Weges.*

In den «zeichenhaften Raum-Bildern», in denen die einzelnen Phasen aufscheinen, sind die allgemeingültigen Schritte sichtbar, die jeder

Mensch zu gehen hat. Doch immer gilt es, die Botschaft unserer Lebenskrisen individuell zu entschlüsseln, sich ihnen auszusetzen und als Reifewege zu nutzen.

Paradies – der Garten

In allen Traditionen, in unzähligen Mythen und Märchen wie auch in Träumen und Visionen der Neuzeit findet man Aussagen über die Sehnsucht des Menschen nach einem Paradies: Jeder Mensch birgt in seinem innersten Wesen Grundhoffnungen, Antriebe und Urwünsche nach einem Leben in Glück, Freude, Friede und Wohlbefinden. Letztlich ist es die Ursehnsucht nach Heimat und Verwurzelung, nach Zugehörigkeit, Geborgenheit und Liebe.

Im Verlaufe seines Lebens – vielleicht schon ganz früh in der Kindheit – erfährt der Mensch jedoch die Begrenzung dieser seiner Wünsche und seiner Sehnsucht.

Er erlebt leidvoll deren Unerfüllbarkeit, erfährt Schmerz im Ausgestoßensein, Unerwünscht- und Ungeliebtsein. Es kann aber auch sein, daß die Unerfüllbarkeit seiner Wünsche einen Menschen ins Unendliche treibt; im positiven Sinn gelangt er zur Erkenntnis, daß diese Sehnsucht in ihrer letzten Tiefe auf eine Erfüllung außerhalb von Raum und Zeit auf *transzendente* Erfüllung hin gerichtet ist. Er erfährt aber auch in diesem Fall das «Noch-nicht» als unruhestiftendes Entwurzelt- und Verwaistsein («Unruhig ist unser Herz, bis es ruht in dir», so beschreibt Augustinus diese Grunderfahrung menschlicher Existenz in dieser Welt).

Sowohl im ersteren wie im letzteren Erfahrungsbereich gerät der Mensch in eine unerträgliche Spannung zwischen seinen oft maßlosen Wünschen und einer begrenzten und begrenzenden Wirklichkeit. Diese Enttäuschung wird zum Widerspruch; der «paradiesische Garten» zur Herausforderung, deren Kernfrage *«Wozu?»* ihn schließlich dazu treibt, sich der Realität zu stellen. Die damit verbundene Grundkrise ist zugleich auch der *Weg aus der Krise.* Sie leitet die *Wendung* ein – diese entscheidende Wende im Leben des Menschen. Er muß sich auf den Weg machen, er muß sich in der «Wozu-Frage» bewähren und sich der Krise im Doppelsinn (weiji = chinesisch: Gefahr/Chance) aussetzen. So betrachtet ist «die Vertreibung aus dem Paradies» keine Strafe, sondern ein *Auftrag*.

Die Verstoßung aus dem Paradies – diese Lebenskrise schlechthin – zu verstehen und sich darauf einzulassen ist *Entwicklung* und unabdingbarer Teil der individuellen Heilsgeschichte, die immer auch Reife- und Wandlungsgeschichte ist und an deren Anfang ein Leiden, eine Verlusterfahrung steht. Ohne diese Erfahrung würde der Mensch sich niemals auf den Weg machen. Es braucht schon ein hohes Maß an Leidensdruck, um die «Fleischtöpfe Ägyptens» zu verlassen und sich dem Weglosen und Ungewohnten auszusetzen.

Exodus – die Wüste

Wer in die Wüste geht (freiwillig oder gezwungen), verläßt seinen gewohnten Lebensraum und damit Sicherheit und Eingebundensein in Vertrautes. «In die Wüste gehen» bedeutet aber auch, sich der Unermeßlichkeit, der Herausforderung und den Gefahren auszusetzen. Die Wüste ist kein Ort, wo man sich niederläßt; die Wüste durchquert man, oder man kommt darin um. In eindrücklicher Weise wird diese Grunderfahrung im *Symbol des Exodus* beziehungsweise im Weg der Israeliten durch die Wüste erzählt. Darin wird die Grundsituation menschlicher Existenz bewußt und werden deren Grundaufgaben einsichtig gemacht. Der Exodus, der Aufbruch aus der Begrenzung in Ägypten, wird zur *mehrfachen Grenzüberschreitung,* ein Weg von Übergang zu Übergang: anfänglich ist es der Durchgang durch das Rote Meer, dann der Weg durch die gebirgige Sinai-Wüste und schließlich die Grenzüberschreitung «nach Kanaan», ins Gelobte Land. Exodus hat demnach eine vielfache Bedeutung: Leben im Gewohnten (Paradies, Ägypten) und Auszug aus diesem Herkunftsland,

- in der Wüste umherirren und deren Bedrohungen standhalten –
- den Berg hinauf- und hinuntersteigen –
- die Wüste verlassen, das Gelobte Land erobern und darin neues und sinnvolleres Leben gestalten und *als Ziel dieses Weges*
- das Einbringen und Umsetzen aller Wegerfahrungen.

Eine alte Lebensform aufzugeben und in die unbekannte Wüste aufzubrechen ist nie selbstverständlich und niemals einfach. Es kommt alles darauf an, sich dem Anruf zu stellen. Dazu gehören Mut und Kraft: Mut, die Wüste auf sich bzw. unter die Füße zu nehmen; Kraft, die Unbilden und Gefahren der Wüste auszuhalten.

Es gibt keinen anderen Weg, denn zwischen Ägypten und dem Gelobten Land liegt die Wüste und steht der Berg. Wo aber Aufbruch und Durchquerung zu einer gnadenhaften Erfahrung werden, werden auch die *tieferen Zeichen* der Wüste sichtbar: die Offenheit, die Weite und die Faszination existentieller Wegsuche. Langsam gelingt die Entbindung aus dem «alten Ägypten», und der Mensch läßt sich ein in das Versprechen der Wüste mit ihrer Freiheit und den tausend möglichen Wegen. Aber Freiheit verlangt nach neuer, sinnvoller Bindung, denn der gewählte, stimmige Weg muß bedacht, die Richtung neu bestimmt werden.

Der Mensch muß sich gleichsam vor Gott hinstellen, um zu entdecken, daß das, was ihn trifft, nicht von irgendwoher kommt und auch kein blinder Schlag aus irgendeiner Schicksalsecke ist. Denn was ihn jetzt umtreibt, sein Leben in Frage stellt, hat eben auch zu tun *mit dem Gott, an den ich glaube, und mit dem Weg meiner ureigenen Geschichte mit diesem Gott in dieser meiner Lebenswelt.*

Um diese tieferen Zusammenhänge aufzudekken, bedarf es des Innehaltens und der Übersicht. Krisenprozesse und (Wüsten-)bewältigungen brauchen Zeit und verlangen nach der Begegnung mit einem Orientierenden (Gott, Mensch).

Bundesschluß – der Berg

In der Wüste steht der Berg. Hier hat Gott mit seinem Volk den Bund geschlossen. Mose steigt auf den Berg und bringt das Angebot Gottes hinunter zum Volk. Im Aufstieg und Abstieg vermittelt er zwischen Gott und Israel. Gott selbst ist es, der sich seinem Volke zuwendet, ihm den Bund anbietet und darin neue Hoffnung und neue Orientierung. Er verspricht den erschöpften Wüstenwanderern seine heilsame Gegenwart und gibt ihnen, in irdene Tafeln eingeritzt, verbindliche Leitlinien.

Die Entbundenen sollen sich neu einbinden, die Entwurzelten in ein neues Land geführt werden. Die Wüste soll nicht endgültige Bleibe sein. Im Bund mit Gott geschieht ein zweifaches: die absolute Zusage Gottes und die Einbindung des Menschen in eine von ihm vorgegebene Richtung. Hier braucht es die Entscheidung des Menschen *für etwas* und *für jemanden.*

In der zu bewältigenden Lebenskrise liegen Chance und Auftrag. Aber erst das Innehalten am Berg und der Bundesschluß auf dem Berg stellen den Menschen hinein in die *alles verändernde Entscheidung* und in die Ausrichtung auf den eigentlichen Sinn seines Lebens, der als *Auftrag der Gestaltung und Entwicklung* auf Erfüllung hinlockt.

So findet der je individuelle Lebensweg am Berg – in dieser persönlichen Begegnung und im Ringen mit Gott – seinen ganz eigenen Sinn. Man könnte auch sagen, daß ohne diesen Bundesschluß mit Gott (was letztlich einem *JA zum eigenen Lebensgesetz* gleichkommt) die Wüstenwanderung im Unfruchtbaren steckenbleiben würde. Nur im Eintauchen in das *JA zum Bund,* zur neuen Orientierung und darin auch im JA zur Bindung und Verantwortlichkeit wird Freiheit gewonnen: die Freiheit, «ein anderer Mensch» zu werden. Am Horizont entdeckt der Mensch *das neue Land, das neue Leben.* Er kann hinüberschauen und gewahrt das «Land Kanaan» als sich neu bietende Lebensmöglichkeit. Sehnsucht bricht auf, die Sehnsucht, der Verzweiflung und Mutlosigkeit etwas Neues entgegenzusetzen, eine neue Perspektive gleichsam, die sich *aus innerer Notwendigkeit* heraus vorwärts- und weiterbewegt.

Kanaan – das neue Land

Nun heißt es, den Übergang in das neue Land auch wirklich zu wagen, die Sehnsucht, die im Herzen erwacht ist, in das reale Leben hineinzuholen. Die Bibel spricht von Landnahme, und sie erzählt von einem Land, das von Milch und Honig fließt. Für den Menschen, der die Wüste durchwandert und die Grenze überschritten hat, gilt es nun, sich neu einzurichten, sich neu zu ordnen und sich niederzulassen, was bedeutet: ein neues Haus zu bauen. Wo Menschen nach einer schweren Lebenskrise, nach einem einschneidenden Verlustereignis oder einem vernichtenden Schicksalsschlag wie vor einem Trümmerhaufen stehen, sind sie offener für die Verheißung Gottes und bereiter, sich seinem Wirken neu anzuvertrauen. Damit stimmen die Worte der Propheten überein, die geschrieben haben:

> Danach werde ich mich umwenden
> und die zerfallene Hütte Davids
> wieder aufrichten;
> ich werde sie aus ihren Trümmern
> wieder aufrichten
> und werde sie wiederherstellen.
> *Am 9,11; Jer 12,15 in: Apg 15,15–16*

Der Mensch, der sich durch die dunkle Nacht der Krise hindurchgerungen hat, erfährt, daß wirklich ein neues Haus entsteht, nicht irgendwo, sondern in seinem Innern. Auf seinem Seelengrund geschieht Erneuerung, vollzieht sich Neuwerdung. Ein erweitertes, umgewandeltes Ordnungsgefüge (das neue Haus) baut sich auf. *Leben* kann unter neu sich bietenden Möglichkeiten entdeckt und gestaltet werden. Aber entscheidend sind die letzten Schritte: Zug um Zug zu realisieren, was als sinnvolle Lebensrichtung und als anstehende Lebensthematik entdeckt worden ist.

Das Gewinnen eines «neuen Landes», die Rückkehr ins «Wieder-leben-Können» ermöglicht einen neuen Reichtum und neue Fruchtbarkeit, *aber auch eine neue Identität, die eine reifere Identität sein will und sein muß.* Die am Bundesberg empfangene größere Einsicht in die Lebensgesetze und in die ureigene Lebensbestimmung ist immer auch begleitet von einer größeren Verantwortlichkeit für die Ganzheit des Lebens. Das Herausgeworfenwerden aus der «Privatheit und Isoliertheit im eigenen Garten» will den Menschen weiterführen zur Teilhabe und Mitverantwortung an der ganzen Schöpfung. Das heißt dann aber auch: das Leben zu lieben, weil Gott es liebt. Erst im bewußten Eingehen auf das, was im Zeichen des Bundes mit Gott die alten Fesseln gesprengt hat, taucht der Mensch in seine eigentliche Bestimmung ein. Diese aber ist *die Liebe.* Weil Gott ein liebender und treuer Gott ist, kann der Mensch dem Leben nur gerecht werden, indem er sich entscheidet, selbst *ein Liebender zu werden.*

Eschatologisch betrachtet ist dieser Weg immer auch Vorwegnahme der verheißenen «Stadt vom Himmel» (vgl. Offb 21,9–22,5).

Die Stadt vom Himmel – die neue Gemeinschaft

In der *wiedergefundenen Beheimatung* wie auch in der Frucht der *reiferen Identität,* die aus dem Durchwandern der Krise dem Menschen zuge-wachsen ist, wird er nicht nur zum Beschenkten, sondern auch ein «In-die-Verantwortung-Ge-nommener». Das neu erbaute Haus ist nicht mehr ein nur-privates Haus, sondern wird zum *Haus der Solidarität* und zum *Haus der Gemein-schaft.* Der einst Heimatvertriebene und dann in der Wüste Heimatlose wird nun selbst zur Hei-mat für andere: So beginnen Menschen das *Haus der Liebe* zu gestalten und das *Brot der Liebe* aus-zuteilen.

In der Solidarität und im Miteinander findet die Liebe einen Ort, wo sie sein und leben kann, *Hoffnung gebiert und Verheißung vorwegnimmt:*

Dann sah ich einen neuen Himmel
und eine neue Erde,
denn der erste Himmel und die
erste Erde sind vergangen ...
Offb 21,9

Zum einen:

Dieser neue Himmel und diese neue Erde
sind keine Utopie, auch nicht das Trugbild
einer sogenannten heilen Welt; ebensowenig
sind sie eine Illusion des Jenseitigen. Eher
könnte man von einem *Aufenthalt im Werden*
sprechen, in dem Wandlungsprozesse nicht
mehr nur der Entfaltung des einzelnen Menschen dienen, sondern die ganze Schöpfung
umschließen und mit einschließen.

«Siehe, ich mache alles neu» –

Jede Exoduserfahrung und jeder Wüsten-
durchgang verwandelt uns. Denn alles, was uns
auf diesem Weg widerfährt, angerührt und be-
rührt hat, bewirkt etwas in uns, ruft etwas in uns
hervor, was schließlich auch den andern Menschen mit anrührt. Dadurch kann Verwandlung
geschehen *auch in und an der Welt.*

Das Geheimnis der Heilsgeschichte, das dem
Wüstenwanderer auf seinem Weg aufgegangen

ist, streift immer auch das Geheimnis Gottes mit dem Menschen. Im letzten läßt es sich nicht ausloten, man kann es nur geschehen lassen. Und doch gilt auch dies: Der heilsgeschichtliche Weg ist immer beides: Werk Gottes *und* Aufgabe des Menschen. An der *neuen Stadt auf dieser Erde* mitbauen heißt, der Verheißung Gottes immer größeren Wirkraum zu geben und sich in ihm mehr und mehr umformen zu lassen, bis das Antlitz Christi in uns sichtbar wird. Denn dies ist das Bundeszeichen der neuen Stadt und ist Lebensthema des darin wohnenden Menschen:

Gottes Herrlichkeit
leuchtet in uns auf,
und
eine Güte und Menschenfreundlichkeit
ist sichtbar geworden.

Zum andern:

Zwar wird jede Krisenbewältigung und jede durchlittene Wüstenerfahrung den Menschen reifer und für die Mitmenschen fruchtbarer machen. Aber dies ist noch nicht das endliche Ziel. Unsere Wanderschaft findet ihre Heimat, ihre

Erfüllung erst im *himmlischen Jerusalem — in der Stadt unserer Sehnsucht.* Darauf hin sind wir im letzten unterwegs und darauf hin sinnt die Ausrichtung. Diese Zielrichtung darf nie aus den Augen verloren werden. Auch nach dem «Ankommen im neuen Land» bleiben wir Pilger, und der *Aufenthalt im Werden* bleibt: Auftrag.

> Schauende und Wissende sind wir erst
> als Angekommene.
> Auf dieser Erde bleiben wir Ahnende,
> Sehnende und Glaubende.